LE

MORATORIUM DES LOYERS

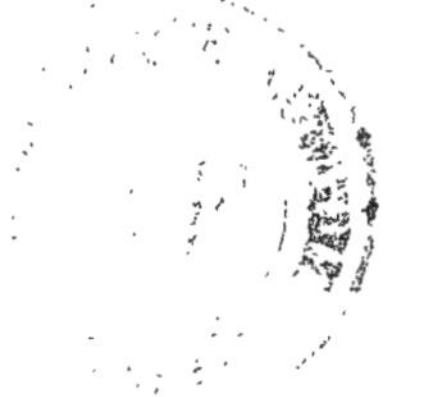

PAR

Louis AZÉMA

AVOCAT A LA COUR D'APPEL

Juge de Paix suppléant du XVe arrondissement

André GUINARD

Huissier au tribunal civil de la Seine

LIBRAIRIE

DE LA SOCIÉTÉ DU

RECUEIL SIREY

Anne Mson Larose et Forcel

LÉON TENIN, Directeur

22, Rue Soufflot, PARIS-5e Arr.

1916

LE

MORATORIUM DES LOYERS

LE

MORATORIUM DES LOYERS

PAR

Louis AZÉMA

AVOCAT A LA COUR D'APPEL

Juge de Paix suppléant du XVe arrondissement

André GUINARD

Huissier au tribunal civil de la Seine

LIBRAIRIE

DE LA SOCIÉTÉ DU

RECUEIL SIREY

Anc Mson Larose et Forcel

LÉON TENIN, Directeur

22, *Rue Soufflot,* PARIS-5e Arr.

1916

Il importe de se bien pénétrer de cette situation pour l'examen de toutes les questions que soulève l'étude des décrets que l'on a dénommés moratoires justement du mot latin « mora » (ajournement, retard) précisant bien ainsi leur caractère essentiel.

Tous les décrets sur le moratorium des loyers qui se sont succédés, ont prorogé de 90 jours en 90 jours le paiement des loyers qui venaient à échéance aux termes successifs depuis la mobilisation. Aucun n'a accordé un délai plus long, mais tous ont prorogé à nouveau, du même temps, les délais déjà accordés par les décrets précédents.

Voici par ordre chronologique la liste des décrets et circulaires ayant trait au moratorium des loyers :

Décret	du	14	Août	1914
—	—	1er	septembre	—
—	—	19	—	—
—	—	27	—	—
Circulaire	—	4	octobre	—
Décret .	—	8	—	—
—	—	14	—	—
—	—	16	—	—
—	—	19	—	—
—	—	27	—	—
—	—	11	décembre	—
—	—	17	—	—
—	—	7	janvier	1915
Circulaire	—	12	—	—
Décret	—	14	—	—
—	—	13	février	—
—	—	11	mars	—
—	—	20	—	—
—	—	17	juin	—
—	—	3	juillet	—
—	—	14	septembre	—
—	—	28	décembre	—
—	—	22	janvier 1916	

Les dispositions de ces décrets portent uniquement sur les délais accordés pour le paiement des loyers, sur l'ajournement des congés et des baux venant à expiration et sur les contestations auxquelles peut donner lieu le nouveau régime institué entre propriétaires et locataires.

La multiplicité de ces décrets, leur rédaction quelque peu obscure en certains points, ont amené une assez grande diversité d'interprétation et cela d'autant plus facilement, qu'ils se superposent et s'enchevêtrent les uns les autres, au lieu de faire successivement table rase des précédents; ce qui suscite, pour le praticien même, un travail d'assimilation et de mise au point, parfois assez pénible.

Nous nous sommes efforcés, dans cet opuscule, d'exposer les règles avec le plus de clarté possible, en classant les locataires par catégories bien déterminées, pour permettre à chacun de se retrouver aisément dans le dédale des dispositions de ces trop nombreux décrets.

Le décret du 28 décembre 1915 constitue la législation actuelle du moratorium des loyers, mais il ne la constitue pas à lui seul. Subsistent en effet, dans les parties qui ne leur sont pas contraires, tous les décrets précédents qui se sont superposés les uns aux autres. Aussi, au cours de notre travail, serons-nous fréquemment obligés de remonter aux précédents décrets pour apprécier la règle existante dans le cas examiné.

CHAPITRE PREMIER

Conditions d'application des Décrets
sur le Moratorium des Loyers

Pour se retrancher derrière le moratorium des loyers, il faut, de condition essentielle, être locataire d'immeuble ou occupant légitime. Ainsi un occupant sans droit qui se serait introduit par fraude dans l'immeuble, lors même que son occupation remonterait à une époque antérieure à la mobilisation, ne pourrait résister en arguant des décrets, à la demande en expulsion formulée contre lui par le propriétaire. Mais par contre sont protégés par les décrets tous occupants de bonne foi, même ceux, pensons-nous, qui, cessionnaires de précédents locataires, auraient omis de dénoncer régulièrement au propriétaire leur cession, pourvu toutefois qu'il n'y ait pas mauvaise foi au sens juridique du mot.

Il faut en outre, pensons-nous, que les locations ou les occupations légitimes remontent à une époque antérieure à la mobilisation. En effet, les décrets ont été pris pour faciliter l'exécution des contrats existants au moment de la loi du 5 août 1914, dont la guerre a mis les parties dans une situation qu'elles ne pouvaient pas prévoir quand elles ont contracté. Cette situation spéciale n'existe pas pour une location contractée ou pour une occupation commencée depuis les hostilités (*Journal officiel* 20 septembre 1915, Rép^{se} Melle n° 4666; Conf. Rouen, 30 juillet 1915, *Bulletin propriété bâtie de Lyon* 1915). Cependant doivent profiter des moratoires les réfugiés des départements envahis, quelle que soit la date à laquelle est intervenue la location (exposé des motifs du décret du 28 décembre 1915).

Enfin, ne pourraient pas non plus user des délais du moratorium des loyers, ceux qui y auraient renoncé par convention expresse ou tacitement. Les stipulations des décrets ne sont pas en effet d'ordre public, ayant été instituées uniquement dans l'intérêt des particuliers, abstraction faite de leurs rapports avec la collectivité.

Le moratorium des loyers protège non seulement les locataires français, mais encore les locataires des nations alliées ou neutres (décret du 28 décembre 1914, art. 9). Il protège aussi les Alsaciens-Lorrains, les Polonais et les Tchèques, sous la condition qu'ils aient, les uns comme les autres, obtenu un permis de séjour en France. Il semblerait équitable que cette protection fût étendue aux sujets ottomans de race grecque, arménienne, etc., ayant permis de séjour en France. C'est d'ailleurs la jurisprudence du tribunal de la Seine (référés du mardi) en ce qui concerne les Arméniens.

Les décrets s'appliquent non seulement sur le territoire de la France continentale, mais encore à l'Algérie (décret du 28 décembre 1915, art. 10).

Les austro-allemands et les belligérants ennemis ne sont pas protégés par les décrets du moratorium des loyers. L'exécution immédiate de leurs obligations locatives peut donc être poursuivie contre eux. Mais les biens que ces ennemis possèdent en France ou aux colonies doivent être mis sous séquestre, aux termes de la circulaire ministérielle du 13 octobre 1914 et en application du décret du 27 septembre 1914, et il est du devoir de tout Français connaissant l'existence de ces biens, de les faire mettre sous séquestre en avisant de leur existence le Parquet du Procureur de la République de l'arrondissement où ils se trouvent. (Loi du 22 janvier 1916).

Il suit de là que le propriétaire ayant un locataire de nationalité ennemie doit avant toute poursuite faire nommer un séquestre à ses biens; cette formalité remplie, il pourra obtenir du séquestre soit amiablement, soit par voie contentieuse, après que ce séquestre aura été nommé mandataire *ad litem*, l'exécution du contrat de location.

A Paris, cette procédure se réduit couramment à une simple ordonnance sur requête rendue par M. le Président du Tribunal civil sur la demande conjointe du propriétaire et du séquestre préalablement nommé.

CHAPITRE II

Différentes Modalités dans l'application des Décrets sur le Moratorium des Loyers

Les dispositions des décrets sur le moratorium des loyers diffèrent selon qu'elles visent telle ou telle catégorie de locataires.

Nous diviserons par suite ce chapitre en cinq sections pour étudier successivement les décrets en ce qui touche les locataires mobilisés (section 1); les locataires non mobilisés de Paris, du département de la Seine et des communes de Saint-Cloud, Sèvres et Meudon (Seine-et-Oise) (section 2); les locataires non mobilisés des régions envahies (section 3); les locataires non mobilisés des régions naguère envahies (section 4); enfin les locataires non mobilisés des régions n'ayant subi en aucune façon le contre-coup de l'invasion (section 5).

Observons que c'est la situation des lieux loués et non le domicile du locataire, qui fixe le régime auquel est soumise la location.

SECTION PREMIÈRE

Application des décrets aux locataires mobilisés

Tous les locataires présents sous les drapeaux bénéficient de plein droit, et sans possibilité pour le propriétaire de poursuite quelconque, des délais de paiement pour leur loyer et cela dans toute l'étendue de la France continentale et des Colonies (décret du 28 décembre 1915, art. 1). Ils bénéficient des délais sans avoir besoin de faire aucune déclaration, ils en bénéficient tant pour le principal de leur loyer, à quelque chiffre qu'il se monte, que pour les charges, quelles qu'elles soient, et pour les impôts afférents à leur location. Ils en bénéficient, que la location ait été contractée avant ou depuis la mobilisation (conséquence de l'impossibilité de les poursuivre en justice).

Que faut-il entendre par citoyens présents sous les drapeaux?

Il semble que cette expression doive être prise dans le sens le plus large et qu'elle doive comprendre non seulement les combattants, mais encore tous ceux qui, soit par leur livret militaire, soit par une lettre de service émanant de l'autorité militaire, ont reçu une affectation militaire. Le critérium sera soit le livret militaire, soit la lettre de service.

Ne seront pas protégés par le moratorium ceux qui sont renvoyés dans leurs foyers en *sursis d'appel*, tels par exemple les ouvriers faisant partie de ce qu'on a appelé la mobilisation industrielle, qui ont été renvoyés de leur corps dans une usine de la région de leur domicile, pour le travail nécessaire à l'armée et qui, aux termes de l'article 6 de la loi du 19 août 1915 (Loi Dalbiez) sont placés dans les conditions et soumis aux obligations de l'article 42 de la loi du 21 mars 1905 (militaire en sursis d'appel ne faisant, par suite, pas partie de l'armée.)

Seront par contre protégés par le moratorium ceux qui sans sursis d'appel, par une affectation spéciale ou par leur ordre d'appel même, sont affectés à un service quelconque par décision de l'autorité militaire hors de la région de leur domicile.

Le législateur a en effet voulu que tous ceux qui concourraient directement à la défense nationale, soient exempts de tous tracas d'argent.

Ce droit au bénéfice du moratorium subsiste, dans les mêmes conditions, au profit des veuves de militaires morts sous les drapeaux et des femmes de ceux disparus depuis le 1er août 1914; il subsiste aussi au profit des membres de leur famille qui habitaient avec eux les lieux loués lors de la mobilisation. Ce droit subsiste encore au profit des militaires réformés à la suite de blessures ou de maladies contractées à la guerre, pendant les six mois qui suivent la date de la réforme (décret du 26 décembre 1915, art. 1).

Pour que la prorogation des délais soit acquise de plein droit au mobilisé et au réformé, il est nécessaire que la location soit à son nom ou qu'il soit personnellement occupant de bonne foi.

Quant à la veuve du soldat mort sous les drapeaux, à la femme du mobilisé disparu et à ses parents habitant avec lui les lieux loués, ils jouissent de la prorogation de plein droit à la condition d'une part, que la location ait été faite au nom du mobilisé et, d'autre part, qu'ils aient habité les lieux loués avec le mobilisé dès l'époque de sa mobilisation. Peu importe qu'ils soient ou non ayants droit de ce mobilisé. Ayants droit ils jouissent du délai tant pour le paiement que pour la prorogation de la jouissance; étrangers à la succession, ils bénéficient des délais pour la prorogation de jouissance seulement.

Que faut-il entendre par « parents »?

Il semble difficile, en présence du silence du texte, de comprendre dans cette désignation d'autres personnes que celles qui jouissaient vis-à-vis du mobilisé d'une parenté civile ou naturelle. Ainsi la concubine en paraît exclue; mais elle trouvera près des juges en vertu du droit commun, une grande bienveillance pour obtenir tous délais lui permettant de retarder son départ des lieux loués.

Bénéficient également de plein droit de la prorogation de délais prévus au moratorium des loyers, les sociétés en nom collectif dont tous les associés et les sociétés en commandite dont tous les gérants sont présents sous les drapeaux (décret du 28 décembre 1915, art. 1). Cette énumération doit être prise au sens restrictif. Il n'y faut donc pas faire entrer les sociétés anonymes ni les sociétés en commandite par actions.

Un mobilisé peut être démobilisé. Quels seront ses droits en ce cas?

Protégé de plein droit par le moratorium durant sa période de mobilisation, continuera-t-il à l'être dans les mêmes conditions après sa démobilisation pour la période de loyer correspondant à la période où il a été présent sous les drapeaux? Nous inclinons à penser que sitôt démobilisé, il rentre dans la catégorie des citoyens ordinaires tant pour la période passée que pour la période commençant à courir. Il sera donc soumis pour les loyers correspondants à sa période de mobilisation aux mêmes règles en ce qui concerne ses termes déjà prorogés, que celles auxquelles sont soumis, pour ces mêmes termes, les citoyens non mobilisés de la même catégorie que lui.

Toutefois, si non patenté il paie plus de 1.000 fr. ou si patenté il paie plus de 2.500 fr., il ne saurait lui être reproché de n'avoir pas fait déclaration au greffe de la justice de paix en vue de bénéficier du moratorium ; cette déclaration ne devenant nécessaire que pour les termes venant à échéance après sa démobilisation.

SECTION II

Application des décrets sur le moratorium des loyers aux locataires non mobilisés de Paris, du département de la Seine et des communes de Saint-Cloud, Sèvres et Meudon (Seine-et-Oise).

Les stipulations des décrets pour Paris, le département de la Seine et les communes de Saint-Cloud, Sèvres et Meudon en Seine-et-Oise, sont différentes selon que les loyers sont inférieurs ou égaux à 600 fr., ou bien supérieurs à 600 francs.

Nous diviserons donc cette section en deux paragraphes.

§ I. — LOYERS ÉGAUX OU INFÉRIEURS A SIX CENTS FRANCS

Ces locataires jouissent de plein droit du délai de 90 jours (décret du 28 décembre 1915, art. 2). Aucune déclaration n'est nécessaire pour eux, aucune preuve ne peut être faite contre eux, sauf en ce qui concerne ceux jouissant d'un traitement annuel égal ou supérieur à 3.000 francs, y compris toutes indemnités (décret du 28 décembre 1915, art. 2, dernier alinéa). Ne rentrent donc dans cette exception que les employés ou fonctionnaires. Les ouvriers en paraissent exclus. Pour ces derniers et pour tous les autres locataires de 600 francs et au-dessous dans les régions dont s'agit, auraient-ils des gains supérieurs à 3.000 fr. par an, les auraient-ils supérieurs à ceux qu'ils avaient en temps de paix, ils peuvent néanmoins ne pas payer leur terme à échéance, le gouvernement proclame qu'ils ont le devoir de payer ; mais cette obligation ne relève que de leur seule conscience (1).

Tous les petits locataires doivent cependant payer les charges

____

(1) Les rapports précédant les décrets du 20 mars, 17 juin et 14 septembre 1915, indiquent expressément que le locataire qui peut se libérer est toujours tenu de le faire ; mais c'est là une simple indication, une simple exhortation morale qui ne peut prévaloir juridiquement contre le texte formel des décrets.

évaluées au bail ou que le juge de paix, à défaut d'évaluation, fixera sans que cette évaluation puisse dépasser 5 % du loyer. Ils doivent également le remboursement au propriétaire des impôts payés par lui en leur acquit (portes et fenêtres, etc...) (décret du 27 octobre 1914, art. 4).

§ II. — LOYERS SUPÉRIEURS A 600 FRANCS

A) *Locataires non patentés au-dessus de 600 francs et jusqu'à 1.000 francs inclusivement*

Ces locataires ont de plein droit la jouissance de la prorogation de 90 jours, sans déclaration à faire. Mais le propriétaire est recevable à prouver contre eux la possibilité où ils sont de payer tout ou partie de leurs loyers échus ainsi prorogés (décret du 28 décembre 1915, art. 2). Ces locataires doivent en tout cas payer les charges et les impôts.

B) *Locataires patentés au-dessus de 600 francs et jusqu'à 2.500 francs inclusivement.*

Ces locataires jouissent de plein droit de la prorogation de 90 jours, sauf pour les charges et les impôts, comme il est dit ci-dessus pour les locataires non patentés, sans aucune déclaration à faire. Mais le propriétaire, comme pour les non patentés de 600 fr. à 1.000 francs, est recevable à prouver contre eux la possibilité où ils sont de payer tout ou partie de leurs loyers échus ainsi prorogés.

La combinaison des articles 2, *in fine*, du décret du 17 décembre 1914 et des articles, 4 § 3 et 8 du décret du 7 janvier 1915, doit faire décider qu'ils n'ont cette jouissance de prorogation de plein droit que pour les locaux inscrits à la contribution des patentes.

C) *Locataires non patentés au-dessus de 1.000 francs et locataires patentés au-dessus de 2.500 francs.*

Pour les locataires de cette catégorie qui veulent se retrancher derrière le moratorium afin d'obtenir une prorogation de 90 jours pour le paiement de leurs loyers, la question est réglée de la façon suivante :

Pour le terme venant à échéance normale, ces locataires doivent faire au greffe de la justice de paix de la situation des lieux loués une déclaration d'impossibilité de paiement de tout ou partie dudit terme et ce, au plus tard, la veille du jour où le paiement devrait avoir lieu.

Le propriétaire peut contester la déclaration d'impossibilité du locataire de payer tout ou partie de son loyer et c'est le locataire qui doit apporter des preuves à l'appui de sa déclaration (Décret 28 décembre 1915, art. 3).

En tout état de cause sont dues les charges de la location évaluées au bail, et si cette évaluation n'est pas faite, elle est fixée par le juge à 5 % du loyer, au maximum. Est dû aussi le remboursement des impôts payés par le propriétaire pour le locataire (portes et fenêtres, etc...).

Pour les termes déjà prorogés et venant à échéance, par suite de cette prorogation, il est accordé au locataire de la présente catégorie, de plein droit, une nouvelle prorogation de trois mois, mais le propriétaire est recevable à prouver devant le juge de paix, que son locataire peut payer tout ou partie de ses loyers en retard (Décret 28 décembre 1915, art. 3).

Ainsi donc, selon qu'il s'agit de termes déjà prorogés ou du terme dont la prorogation est demandée pour la première fois par la déclaration au greffe, le fardeau de la preuve incombe soit au propriétaire, soit au locataire.

SECTION III

Application des décrets aux locataires non mobilisés des régions envahies

Ces régions sont ainsi énumérées aux décrets :
Aisne, Ardennes, Marne, Meurthe-et-Moselle, Meuse, Nord, Oise (arrondissements de Compiègne et de Senlis), Pas-de-Calais (arrondissements d'Arras, de Béthune et de Saint-Pol), Seine-et-Marne (arrondissements de Coulommiers, de Meaux, de Melun

et de Provins), Somme (arrondissements d'Amiens, de Doulens, de Montdidier et de Péronne), Territoire de Belfort, Vosges (arrondissements d'Épinal et de Saint-Dié) (Décret du 28 décembre 1915).

Dans ces régions, tous les locataires, patentés ou non, bénéficient de plein droit de la prorogation de paiement sans aucune déclaration à faire et quel que soit le chiffre de leur loyer, tant pour les termes déjà échus que pour les termes à échoir; mais le propriétaire est admis à justifier devant le juge de paix que son locataire peut payer tout ou partie de son loyer (Décret du 28 décembre 1915, art. 2).

SECTION IV

Application des décrets aux locataires non mobilisés des régions naguère envahies ou ayant subi le contre-coup de l'invasion

Ces régions sont les suivantes :

Aube, Doubs, Eure, Haute-Marne, Haute-Saône, Oise (arrondissements de Beauvais et de Clermont), Pas-de-Calais (arrondissements de Boulogne, Montreuil et Saint-Omer), Seine-et-Marne (arrondissement de Fontainebleau), Seine-Inférieure, Seine-et-Oise, Somme (arrondissement d'Abbeville), Vosges (arrondissements de Mirecourt, Neufchâtel et de Remiremont). Rapprochement des listes annexées aux décrets des 2 septembre 1914 et 28 décembre 1915 (art. 3).

Dans ces régions, il faut distinguer plusieurs catégories de locataires non mobilisés.

§ I. — PETITS LOYERS

Les petits loyers, pour les patentés ou les non patentés (loyers égaux ou inférieurs à 600 francs dans les villes de 100.000 habitants et au-dessus, égaux ou inférieurs à 300 francs dans les villes de moins de 100.000 habitants et de plus de 5.000 habitants, égaux ou inférieurs à 100 francs dans les autres communes), jouissent de la prorogation de plein droit pour les termes échus et pour le terme à échoir. Mais le propriétaire est admis à établir devant le juge de paix que son locataire peut payer tout ou partie de son loyer.

(Décret 28 décembre 1915, art. 2). Toutefois ces locataires doivent payer les charges et les impôts.

§ II. — LOCATAIRES PATENTÉS OU NON PATENTÉS
DONT LA LOCATION
EST SUPÉRIEURE AU TAUX DES PETITS LOYERS CI-DESSUS

Ces locataires jouissent, pour les termes ayant déjà bénéficié de prorogations antérieures, d'une nouvelle prorogation de 90 jours, de plein droit, sans formalités. Mais, pour ces termes, le propriétaire est admis à justifier devant le juge de paix que son locataire est en état de payer tout ou partie des termes ainsi prorogés. La preuve est à la charge du propriétaire. (Décret 28 décembre 1915, art. 3).

Pour le terme venant à échéance normale, le bénéfice de la prorogation de 90 jours n'est accordé au locataire qu'à charge par lui de faire au Greffe de la justice de paix, au plus tard la veille de l'échéance, la déclaration qu'il est hors d'état de payer tout ou partie de son loyer. Le propriétaire peut contester devant le juge de paix la véracité de cette déclaration; la preuve est alors à la charge du locataire. (Décret du 28 décembre 1915, art. 3).

En tout état, le locataire doit les charges et les impôts.

SECTION V

Application des décrets aux locataires non mobilisés des régions n'ayant subi en aucune façon le contre-coup de l'invasion.

Ces régions sont les suivantes :

Ain, Allier, Basses-Alpes, Hautes-Alpes Alpes-Maritimes, Ardèche, Ariège, Aude, Aveyron, Bouches-du-Rhône, Calvados, Cantal, Charente, Charente-Inférieure, Cher, Corrèze, Corse, Côte-d'Or, Côtes-du-Nord, Creuse, Dordogne, Drôme, Eure-et-Loir, Finistère, Gard, Haute-Garonne, Gers, Gironde, Hérault, Ille-et-Vilaine, Indre, Indre-et-Loire, Isère, Jura, Landes, Loir-et-Cher, Loire, Haute-Loire, Loire-Inférieure, Loiret, Lot, Lot-et-Garonne, Lozère, Maine-et-Loire, Manche, Mayenne, Morbihan, Nièvre, Orne, Puy-de-Dôme, Basses-Pyrénées, Hautes-Pyrénées, Pyrénées-Orientales, Rhône, Saône-et-Loire, Sarthe, Savoie, Haute-Savoie, Deux-

Sèvres, Tarn, Tarn-et-Garonne, Var, Vaucluse, Vendée, Vienne, Haute-Vienne, Yonne, Algérie.

Dans ces régions, il faut considérer plusieurs catégories de locataires :

§ I. — Petits loyers

Les petits loyers pour les patentés comme pour les non-patentés (loyers égaux ou inférieurs à 600 francs pour les villes de 100.000 habitants ou au-dessus, loyers égaux ou inférieurs à 300 francs dans les villes de moins de 100.000 habitants et de plus de 5.000 habitants, loyers égaux ou inférieurs à 100 francs dans les autres communes) jouissent de la prorogation de plein droit pour les termes échus et pour le terme à échoir. Mais le propriétaire est en droit de justifier devant le juge de paix que son locataire est en état de payer tout ou partie de son loyer. (Décret 28 décembre 1915, art. 2).

En tout état de cause, les locataires doivent payer les charges et les impôts.

§ II. — Locataires patentés de ces régions
dont la location
est supérieure au taux des petits loyers ci-dessus

Ces locataires jouissent pour les termes déjà prorogés d'une nouvelle prorogation de 90 jours de plein droit sans formalités à remplir. Mais le propriétaire, pour ces termes, est admis à justifier devant le juge de paix que son locataire patenté peut en payer tout ou partie. La preuve est à la charge du propriétaire. (Décret du 28 décembre 1915, art. 3).

Pour le terme venant à échéance normale, le bénéfice de la prorogation à 90 jours n'est accordé au locataire patenté dont le loyer est supérieur aux taux des petits loyers ci-dessus, qu'à charge par lui de faire au Greffe de la justice de paix, au plus tard, la veille de l'échéance, la déclaration qu'il est hors d'état de payer tout ou partie de ce terme. Le propriétaire peut contester devant le juge de paix la véracité de cette déclaration. La preuve de la sincérité de la déclaration est à la charge du locataire patenté. (Décret du 28 décembre 1915, art. 3).

Les charges et les impôts sont toujours dûs.

§ III. —Locataires non patentés de ces régions
dont la location
est supérieure au taux des petits loyers ci-dessus

Ces locataires ne peuvent bénéficier en aucune façon du moratorium des loyers. Ils restent sous l'empire du droit commun avec seulement la faculté de demander au juge termes et délais en vertu de l'article 1244 du Code Civil, auquel a renvoyé le décret du 10 août 1914 dans son article 4.

CHAPITRE III

Nature juridique de la Prorogation
A quels Paiements s'applique-t-elle ?

§ I. — NATURE JURIDIQUE DE LA PROROGATION

La prorogation établie par les décrets est essentiellement provisoire; elle est fixée par chaque décret à 90 jours francs. Mais tous les décrets ont de nouveau reporté cette prorogation successivement à 90 jours au fur et à mesure des échéances.

Le délai de paiement ainsi accordé au locataire est, pensons-nous, un délai de grâce, semblable à celui que le juge accorde en vertu de l'article 1244 du Code civil, mais un délai de grâce légalement établi. C'est le seul en effet qui ne touche pas au fond même des obligations et ne vise que la facilité d'exécution de ces obligations, conformément à l'article 4 de la loi du 5 août 1914. Il s'ensuivra que le locataire sera déchu du bénéfice de ce délai s'il diminue les sûretés de son créancier. Au cas de déménagement furtif, par exemple, le propriétaire semble-t-il pourra prendre des mesures légales contre son locataire à quelque catégorie qu'il appartienne, fût-il même mobilisé. Nous pensons même que dans ce cas, le locataire non mobilisé pourra être l'objet non seulement de mesures conservatoires, mais encore de poursuites en paiement, poursuites auxquelles échappera le locataire mobilisé, en vertu de l'article 4 de la loi du 5 août 1915. (Tribunal de paix de Périgueux, janvier 1916).

De ce que le délai de prorogation est un délai de grâce, les mesures conservatoires, telles que saisie-arrêt par exemple, peuvent être prises par le propriétaire contre son locataire; mais le décret du 22 janvier 1916 a interdit toute saisie-arrêt pour sûreté de loyers dûs, à moins d'autorisation spéciale du juge (voir Décret, page 39).

Il est bon de remarquer en passant que les saisies-arrêts sur salaires et petits traitements sont actuellement interdites, ce qui met à l'abri de cette mesure les sommes servant à l'existence du débiteur.

En est-il de même pour la saisie-gagerie? La jurisprudence était divisée jusqu'ici, mais le décret du 22 janvier 1916 a définitivement tranché la question en décidant qu'aucune saisie-gagerie ou conservatoire ne pourrait être pratiquée sans une permission spéciale du juge, motivée, et qui ne devra être accordée que pour causes graves (voir Décret, page 39).

§ II. — A quels paiements s'applique la prorogation?

Pour le locataire mobilisé, la prorogation de paiement s'applique non seulement au principal du loyer, mais encore aux charges et même aux impôts payés par le propriétaire en l'acquit de son locataire (droit proportionnel, portes et fenêtres, ordures ménagères).

Pour le locataire non mobilisé, à quelque catégorie qu'appartienne sa location et quel qu'en soit le chiffre, la prorogation ne s'applique qu'au principal du loyer. Les charges et les impôts dus par le locataire peuvent toujours lui être réclamés (Décret du 27 octobre 1914, art. 4).

Pour les impôts, le chiffre en est fixé par le rôle des contributions.

Pour les charges, si les conventions n'en fixent pas le chiffre, le juge peut les évaluer, mais à un maximum qui ne pourra pas dépasser 5 % du montant annuel du loyer. (Décret du 27 octobre 1914, art. 4).

Loyers d'avance

Les décrets stipulent qu'aucun loyer ne peut être exigé actuellement par avance et qu'au cas où le propriétaire a en mains une somme déposée par le locataire et même avec imputation spéciale sur des loyers déterminés non encore échus, cette somme vient s'imputer à concurrence sur les loyers échus impayés, et qu'aucune poursuite ne peut être intentée tant qu'une partie de cette somme reste disponible. (Décrets des 7 janvier 1915, art. 30, et 13 février 1915, art. 2).

Il est bien certain que cette interdiction ne s'applique pas à une nouvelle location contractée depuis le début de la guerre, les parties restant libres d'ailleurs de leurs conventions.

Il importe de noter que ces dispositions des décrets sur les loyers d'avance ne sont applicables qu'aux départements suivants : Aisne, Ardennes, Aube, Doubs, Eure, Haute-Marne, Marne, Haute-Saône, Meurthe-et-Moselle, Meuse, Nord, Oise, Pas-de-Calais, Seine, Seine-et-Oise, Seine-Inférieure, Seine-et-Marne, Somme, Vosges et Territoire de Belfort.

Pour les autres régions, les conventions des parties ne subissent aucune atteinte de ce chef des loyers d'avance.

Locations en garni

Toutes les règles de fond comme de procédure édictées par les décrets sur les prorogations de paiement des loyers sont applicables aux locataires en garni. (Décret du 28 décembre 1915, art. 7).

CHAPITRE IV

Procédure établie par les Décrets

Le législateur a institué, comme juge souverain, pour les questions nées exclusivement de l'application des décrets relatifs aux loyers, le juge de paix de la situation des lieux loués.

Nous examinerons d'abord les formalités préalables à la convocation devant le juge et, en second lieu, la procédure même de convocation, de comparution, de jugement et d'exécution.

§ I. — Formalités préalables a la convocation devant le juge de paix

Quand la prorogation est de droit en faveur du locataire avec réserve de discussion pour le propriétaire, aucune formalité n'est à remplir ni par le locataire, ni par le propriétaire, avant la convocation devant le juge de paix. Mais quand cette prorogation n'est pas de plein droit en faveur du locataire, celui-ci, pour en jouir, doit faire au Greffe de la justice de paix de la situation des lieux loués, au plus tard la veille du jour où le loyer est payable, la déclaration qu'il est dans l'impossibilité de payer tout ou partie du terme venant à échéance. Il lui est donné par le Greffe récépissé de cette déclaration qui est portée à la connaissance du propriétaire par lettre recommandée du greffier. (Décret 28 décembre 1915, art. 3).

Par l'effet de cette déclaration, le locataire se trouve immédiatement protégé par le moratorium tant que par un jugement, le juge de paix ne lui aura pas retiré cette protection.

Même si la lettre avisant de la déclaration du locataire ne parvenait pas au propriétaire, le locataire pourrait arrêter toutes poursuites par la seule production du récépissé de sa déclaration, car le non-accomplissement d'une formalité à laquelle il est resté étranger ne pourrait lui être opposé.

Le locataire doit renouveler sa déclaration pour chaque terme venant à échéance. La déclaration faite pour le terme d'octobre par exemple, ne le garantirait pas pour le terme de janvier suivant.

Le locataire soumis par les décrets à l'obligation de la déclaration, pour pouvoir invoquer le moratorium, est déchu de cette faculté et reste sous l'empire du droit commun, faute par lui d'avoir fait cette déclaration dans les délais, c'est-à-dire au plus tard la veille du jour où le loyer est payable. Toutefois, il peut solliciter du juge de paix de la situation des lieux loués, d'être relevé de cette déchéance et le juge peut accéder à cette demande dans des circonstances graves. (Décret du 27 octobre 1915, art. 5).

Dans ce cas si la procédure de droit commun était déjà commencée contre ledit locataire, cette procédure devrait être suspendue jusqu'à ce que le juge de paix ait statué sur l'accord ou le refus au locataire du bénéfice du moratorium. Au cas de refus la procédure ordinaire serait reprise sur les derniers errements. Au cas où le juge accorderait le bénéfice du moratorium, la procédure de droit commun déjà commencée deviendrait caduque.

Si le locataire ne demandait à être relevé de la déchéance qu'après l'assignation au fond lancée conformément au droit commun devant le Tribunal civil, il n'y aurait plus lieu de recourir au juge de paix, car il y aurait alors litispendance.

§ II. — PROCÉDURES DE CONVOCATION, DE COMPARUTION DE JUGEMENT ET D'EXÉCUTION

A) *Convocation*

Quand le locataire bénéficie du moratorium, soit de plein droit, soit par suite de sa déclaration, si le propriétaire veut demander que ce bénéfice lui soit retiré, il le fait appeler devant le juge de paix de la situation des lieux loués par une lettre du greffier recommandée avec avis de réception. (Décret du 1er septembre 1914, art. 6), lettre contenant la fixation du jour et de l'heure de l'audience.

Il ne peut être statué par le juge de paix, tant que l'avis de réception n'est pas revenu au Greffe apportant la constatation que la lettre recommandée a bien été remise au destinataire ou qu'il a refusé de la recevoir.

Il arrive souvent que par suite du mauvais vouloir ou de l'absence du destinataire, la lettre recommandée ne peut lui être remise et que, de ce fait, le jugement ne peut être rendu. Le juge de paix, en ce cas, peut, par analogie avec les règles établies par les décrets du moratorium pour la procédure d'exécution, commettre un huissier pour citer, par exploit, le locataire que la lettre recommandée ne peut toucher. Sans cette formalité, la situation serait inextricable.

B) *Comparution*

Le défendeur régulièrement convoqué comparaît contradictoirement avec le demandeur devant le juge de paix, dans le cabinet du juge et non en audience publique. Les mandataires sont admis, mais le juge peut exiger la comparution personnelle du propriétaire et du locataire.

Le juge entend les observations des parties et les preuves que doit présenter celle d'entre elles à qui incombe le fardeau de la preuve. Les simples présomptions sont suffisantes pour fixer sa religion. Dans tous les cas, il ne prononcera de sentence **qu'après avoir tenté de concilier les parties**, et sa décision ne portera que sur la seule et unique question de savoir si les délais institués par les décrets doivent ou non profiter au locataire auquel le propriétaire entend en contester le bénéfice. (Décret 1er septembre 1914, art. 6).

Le juge de paix ne pourrait pas en effet, sans outre-passer sa compétence, prononcer condamnation, si le fond du litige est supérieur au taux de sa compétence ordinaire; même si le fond du litige rentrait dans le taux de sa compétence ordinaire, la condamnation prononcée par lui, sur simple convocation par lettre recommandée, serait nulle radicalement, à moins que la partie y ait acquiescé formellement par avance.

Le juge de paix ne devra donc jamais prononcer une condamnation par défaut au paiement des loyers rentrant même dans le taux de sa compétence, car dans ce cas, il ne pourrait évidemment avoir l'acquiescement préalable du défaillant.

La sentence du juge en cette matière est un véritable jugement, et il doit être rendu en audience publique, toutes portes ouvertes avec assistance du greffier qui rédige la minute et délivrera des expéditions. Le décret du 1er septembre 1915 a pris soin, en effet, de bien spécifier qu'il s'agit là d'une sentence exécutoire. Il ajoute même que le juge de paix doit fixer le délai dans lequel son jugement devra être exécuté. Le défaut de fixation par le juge des délais d'exécution équivaut à l'autorisation d'exécution immédiate.

Si le défendeur régulièrement appelé ne se présente pas, il est statué par défaut et ce jugement est porté à sa connaissance dans les cinq jours de son prononcé par lettre recommandée du greffier avec avis de réception. (Décret du 1er septembre 1914, art. 6).

Comme pour la convocation, l'exploit d'huissier deviendra indispensable si la lettre recommandée ne peut toucher pour une cause quelconque le défaillant.

L'opposition est faite par le défaillant au moyen d'une déclaration au greffe. Elle n'est recevable que dans les dix jours de la date de réception de la lettre recommandée. Au reçu de cette opposition, le greffier convoque le demandeur originaire par lettre recommandée avec accusé de réception, pour qu'il soit statué sur cette opposition, dans les mêmes formes que pour le premier jugement. Le deuxième jugement, s'il y a itératif défaut de la même partie, sera réputé contradictoire. (Décret 1er septembre 1914, art. 6). (1).

Les jugements des juges de paix sur la question unique des moratoria des loyers sont en dernier ressort. (Décret 1er septembre 1914, art. 6). Il faut attacher à cette expression la même portée que pour les jugements ordinaires de ces magistrats, rendus en dernier ressort. L'appel reste donc ouvert pour incompétence résultant soit d'une incompétence *ratione loci*, soit d'une incompétence *ratione materiae*, quand le juge aura statué sur autre chose que la question unique des délais.

C) *Exécution*

Porteur du jugement définitif qui a retiré à son locataire le bénéfice des délais moratoires, le propriétaire pourra commencer

---

(1) De la statistique de la justice de paix du XVe arrt. de Paris il résulte que 498 affaires relatives aux moratoires des loyers ont été portées à l'audience de janvier au 15 juillet 1915 et qu'elles ont reçu les solutions suivantes :

255 conciliations; 58 déboutés; 55 autorisations de déménager; 130 refus de délais dont 70 par défaut.

alors contre ce locataire les poursuites de droit commun, en signi-
fiant en tête du premier acte de procédure, la copie intégrale du
jugement qui l'a habilité à faire ces poursuites. Cette signification
régulière est nécessaire pour faire connaître au locataire *in extenso*
les termes du jugement et faire courir contre lui les délais d'appel
au cas d'incompétence.

Les décrets dispensent des frais de timbre et des droits d'enregistrement tous les actes nécessités par les procédures qu'ils insti-
tuent. Ils dispensent des droits d'enregistrement, mais nullement
de la formalité qui en sera faite gratis. (Décret 1er septembre 1914,
art. 6).

CHAPITRE V

Influence des Décrets sur les Obligations réciproques des Propriétaires et Locataires

Les décrets en principe, ne modifient en rien les obligations réciproques des propriétaires et locataires.

Le propriétaire doit toujours la jouissance paisible des lieux à son locataire et l'exécution des clauses de la location auxquelles il s'est astreint (chauffage, éclairage, ascenseur, tapis, etc.). Le locataire, de son côté, doit continuer à jouir des lieux loués en bon père de famille et dans les conditions prévues à la location.

Les décrets ne visent exclusivement que les délais de paiement des loyers. Toutes les autres contestations suivent les règles du droit commun (résiliation de baux pour troubles graves ou abus graves de jouissance, etc...)

Une question se pose : Le propriétaire peut-il demander l'expulsion de son locataire, faute de garnissement suffisant pour répondre des loyers dus, quand ces loyers sont prorogés par le moratorium? Le décret du 22 janvier 1916 répond négativement.

Il ne pourrait demander cette expulsion faute de garnissement, qu'au cas où les loyers dus, et exigibles, ne seraient pas soumis au moratorium.

Le propriétaire doit exécuter ses obligations contractuelles touchant la jouissance à fournir au locataire. Il ne peut se soustraire à ses obligations que s'il peut établir le cas de force majeure. S'il ne l'établit pas, il est passible de dommages-intérêts. Cette théorie a été appliquée notamment à la question du chauffage central dans laquelle le propriétaire a toujours été condamné à des dommages-intérêts plus ou moins importants vis-à-vis de son locataire pour défaut de chauffage. Le tribunal de la Seine a décidé à plusieurs reprises que le dommage résultant du défaut de chauffage devait s'estimer d'après le préjudice réellement subi et non d'après la base établie par le moratorium relativement aux charges accessoires du bail et les dommages intérêts alloués ont varié de 12 à 15 % du principal du loyer (Seine, 7e Chambre, déc. 1915).

Il en est de même pour l'éclairage, pour les tapis, pour l'ascenseur.

La guerre n'est jamais considérée par la jurisprudence comme constituant par elle seule et sans discussion, un cas absolu de force majeure; il faut toujours examiner la question de fait.

Comme contre-partie de ces obligations pour le propriétaire, les décrets ont établi l'exigibilité absolue des charges de la location (Décret 27 octobre 1914, art. 4), sauf pour les mobilisés.

Les délais de paiement institués par les décrets du moratorium des loyers ne font pas courir de plein droit les intérêts des loyers ainsi prorogés.

CHAPITRE VI

Régime des Congés, des Baux et Locations
ne comportant pas de congés
Des nouvelles Locations
et des facilités de déménagements

Les décrets sur le moratorium des loyers n'ont pas seulement organisé la prorogation des échéances des termes, ils ont encore institué un régime spécial concernant les congés, les expirations de baux et locations ne comportant pas de congés, le point de départ, en certains cas, des nouvelles locations et certaines facultés accordées aux locataires pour leur déménagement.

§ I. — Régime des congés

Est suspendu, pour tous locataires susceptibles de pouvoir bénéficier du moratorium des loyers et pour une période de trois mois, l'effet des congés qui, normalement ou par suite de prorogation résultant des décrets antérieurs, se produira entre le premier janvier et le 31 mars 1916.

Cette suspension a lieu de plein droit, que le locataire ait obtenu ou non du juge de paix le bénéfice du moratorium pour le paiement de ses loyers. La question du paiement et celle du congé sont absolument indépendantes l'une de l'autre.

Cette prorogation de congé ne s'applique au surplus, pensons-nous, qu'aux locations remontant à une époque antérieure à la mobilisation.

Le point de départ des trois mois de délai ainsi accordé est la date à laquelle le locataire devait sortir des lieux.

Le délai s'applique à tous les congés donnés par les propriétaires aux locataires.

Mais en ce qui concerne les congés donnés par les locataires aux propriétaires, ce délai ne s'applique qu'à ceux donnés par les locataires avant le premier novembre 1914. Pour les congés donnés par eux postérieurement à cette date, le droit commun est applicable (art. 2, § 1er, décret du 27 octobre 1914).

Les décrets réservent au locataire (mais nullement au propriétaire) la faculté de renoncer au bénéfice de cette prorogation. Pour jouir de cette faculté, le locataire devra en manifester l'intention en renouvelant le congé qu'il a donné au moins un mois avant la date à laquelle il aurait dû, sans prorogation, sortir des lieux loués. Cette renonciation à la prorogation de l'effet du congé ne peut être que totale, sauf convention entre le propriétaire et le locataire. Ce délai d'un mois n'est pas de rigueur, le juge peut dans des circonstances reconnues exceptionnelles, réduire ce délai de préavis.

De ce que les décrets ont suspendu l'effet des congés, il ne s'ensuit pas qu'ils aient modifié le délai dans lequel ces congés doivent être donnés. Ici les usages et les conventions restent toujours en vigueur. Ainsi, par exemple, au cas d'un bail par périodes à la volonté du preneur avec charge de prévenir six mois d'avance le propriétaire de l'intention de faire cesser le bail à l'expiration de l'une de ces périodes, le locataire qui aurait laissé passer le délai prévu sans donner congé se verrait déchu du droit de donner congé pour l'expiration de cette période. (Seine, 6e ch., 7 juillet 1915).

La prorogation des délais ne s'applique pas aux congés donnés aux concierges. Sans doute les concierges sont occupants de bonne foi, mais cette occupation a lieu non à titre de locataire. mais à titre précaire. Le contrat existant entre le propriétaire et le concierge est un contrat de louage de services. Les congés à concierge restent donc soumis au Droit commun.

La question s'est posée de savoir si pouvait être ordonnée l'expulsion sur congé d'une concierge dont le mari serait mobilisé. Il semble que rien ne peut s'opposer à ce qu'une telle expulsion soit ordonnée par le Président des référés, vu l'urgence.

En effet, si la loi du 5 août 1914 a entendu qu'aucune instance ne soit conduite contre les citoyens présents sous les drapeaux, le législateur n'a pas voulu que le cours de la Justice soit entièrement paralysé en ce qui touche surtout des mesures uniquement de fait et dont l'urgence est reconnue. (En ce sens : Rouen, 1er décembre 1915, *Gaz. Pal.* 22 décembre 1915; Toulouse, 19 décembre 1914 D. 1915.5.2; Besançon, 25 mai 1915,

Gaz. Pal. 1915. En sens contraire : Aix, 24 mars 1915, *Gaz. Pal.* 25 mars 1915).

De plus il est à considérer que seule la femme concierge est liée par le contrat de travail souscrit par elle seule dans la plénitude de ses droits reconnus par la loi du 13 juillet 1907 et que cette loi lui permet d'ester et de défendre seule en Justice pour tout ce qui touche ses salaires et les actions en découlant.

§ II. — RÉGIME DES BAUX ET LOCATIONS
EXPIRANT DE PLEIN DROIT, SANS CONGÉ A DONNER

A leur expiration, ces baux et locations jouissent, mais seulement en faveur des locataires présents sous les drapeaux, d'une prorogation de 90 jours. Cette prorogation n'existe pas de plein droit, elle est subordonnée à une déclaration que doit faire le locataire mobilisé. Cette déclaration doit être faite soit au propriétaire par lettre recommandée avec avis de réception, soit au greffe de la justice de paix. Elle peut être faite, à défaut du locataire mobilisé, par un mandataire, un parent, un ami, un voisin. Elle pourrait même, semble-t-il, être faite d'office par le juge de paix qui aurait connaissance d'une situation la nécessitant impérieusement.

Dans des circonstances exceptionnelles, le même bénéfice de prorogation de location pourra être accordé par le juge de paix à des locataires non mobilisés, mais pouvant se prévaloir du moratorium. Comme pour la prorogation des congés, les règles énoncées en ce paragraphe ne sont applicables, pensons-nous, qu'aux locations existant déjà avant la mobilisation. (Décret 27 septembre 1914, art. 3, § 4, et Décret 28 décembre 1915).

§ III. — RÉGIME DE CERTAINES NOUVELLES LOCATIONS

Au cas où seraient reloués des locaux dépendant d'une location prorogée, le point de départ de la nouvelle location est également prorogé d'une période égale.

Le nouveau locataire n'a pas à payer de loyers, tant qu'il n'entre pas en jouissance de sa nouvelle location.

De son côté, le propriétaire du nouveau local peut demander au juge compétent (juge de paix pour les loyers annuels de 600 francs ou au-dessous, tribunal civil pour les loyers supérieurs à 600 francs), de prononcer la résiliation de cette location nouvelle dont la jouissance n'a pas encore pu commencer. Cette faculté n'est pas accordée par les décrets aux locataires.

En tout cas il paraît indubitable que toutes ces règles ne sont également applicables qu'aux nouvelles locations contractées avant les hostilités. Celles contractées depuis les décrets doivent être régies par le droit commun.

Ainsi un locataire susceptible de jouir d'une prorogation de location loue, depuis la mobilisation, un nouveau local : il devra, malgré la prorogation de son ancienne location, prendre possession de ce nouveau local et en payer les loyers, car il était d'une part, libre de ne pas contracter cette nouvelle location et pouvait d'autre part, renoncer à la prorogation de son ancienne location en prévenant son propriétaire un mois à l'avance. Ainsi encore, si dans ce cas, le nouveau local est occupé par un locataire dont la location est prorogée, la résiliation de cette nouvelle location pourra être demandée par le locataire conformément au droit commun aux torts du propriétaire, car il y aura dans ce cas faute de ce propriétaire qui connaissait, au moment où il a loué, la situation pouvant se produire éventuellement.

§ IV. — DE CERTAINES FACILITÉS ACCORDÉES AUX LOCATAIRES POUR LE DÉMÉNAGEMENT

Les décrets ont apporté un palliatif au droit de rétention du propriétaire en faveur de deux classes de locataires : les locataires à loyers de 1.000 francs et au-dessous et les ayants-droits des militaires morts sous les drapeaux.

A) Les locataires ayant un loyer annuel égal ou inférieur à 1.000 francs peuvent, quand leur location vient à expiration, demander au juge de paix de la situation des lieux loués, l'autorisation de déménager sans paiement préalable de ce qu'ils doivent au propriétaire pour loyers et charges. *D 1 Sept 1914 - art 5*

Cette autorisation qui ne peut être accordée que dans le cas où la location a été contractée avant la mobilisation, n'est pas de plein droit et ne doit être donnée au surplus qu'à l'expiration de la location. Le juge de paix devra examiner si le motif invoqué justifie la faveur demandée. Il pourra, pour sauvegarder le privilège du propriétaire sur le mobilier, n'autoriser ce déménagement qu'à charge de faire dresser l'état du mobilier avec dénonciation de cet inventaire au nouveau propriétaire qui saura ainsi que son privilège est primé par celui de l'ancien propriétaire.

Le juge de paix, en autorisant le déménagement, devra, s'il en est requis, fixer le chiffre des indemnités dues en vertu du contrat ou de l'usage des lieux (réparations locatives). Mais pour la fixation de ces indemnités, la procédure de droit commun devra être suivie, la procédure par lettre recommandée n'étant instituée que pour juger des seules questions de délais.

B) La mort sous les drapeaux ne résilie pas la location, mais les décrets permettent aux héritiers ou ayants droits des militaires morts sous les drapeaux, si le contrat comporte une clause de résiliation en cas de décès, de se faire autoriser par le juge de paix à sortir des lieux loués, sans avoir à acquitter au préalable les sommes dues pour loyers ou charges, ni les indemnités que le bail ou l'usage met à la charge du locataire sortant. Ici, la faculté accordée par les décrets concerne indistinctement les locations faites avant ou depuis le jour de la mobilisation.

Comme pour les locataires à petits loyers, le juge pourra, pour sauvegarder le privilège du propriétaire, ordonner qu'il sera fait inventaire.

Cette autorisation de déménager peut être donnée aux héritiers ou ayants droits du militaire mort sous les drapeaux à n'importe quelle époque, même au cours d'une période de la location.

Le juge en autorisant le déménagement, devra également, s'il en est requis, fixer le chiffre des indemnitées dues en vertu du contrat ou de l'usage des lieux, et ce, suivant la procédure du droit commun.

La compétence attribuée au juge de paix en ce qui concerne le déménagement des locataires nonobstant le paiement des sommes par eux dues au propriétaire, ne peut être interprétée comme l'autorisant à prononcer la résiliation du bail. Cette résiliation ne peut être ordonnée avec ses conséquences juridiques qu'en vertu du droit commun.

MÉTAYERS ET FERMIERS

En ce qui concerne les métayers (bail à colonat partiaire) et les fermiers (bail à ferme), la matière est réglée par les décrets des 19 septembre, 19 octobre, 11 décembre 1914, 11 mars et 3 juillet 1915. (Tous ces décrets sont applicables à l'Algérie).

Ces décrets se préoccupent uniquement des baux venant à expiration depuis les hostilités, soit en vertu de congé, soit par l'échéance de leur terme normal, afin de les proroger d'année en année jusqu'à la fin de la guerre. Ils disposent que les baux des fermiers et métayers qui ont été mobilisés, seront prorogés à la seule condition que l'intéressé, ou bien quelqu'un des siens, réclame le bénéfice de ces dispositions (Décret du 19 septembre 1914). — Les intéressés doivent faire à cet effet une déclaration au Greffe de la Justice de Paix, quinze jours au moins avant l'expiration de leur bail, mais le juge de paix peut en cas de circonstances exceptionnelles, relever le fermier ou métayer de la déchéance encourue (Décret du 11 mars 1914, art. 1er).

Par voie de conséquence (décret du 19 octobre 1914) cette prorogation se répercute sur tous les autres métayers ou fermiers dont l'entrée en jouissance se trouve atteinte par le fait de cette prorogation. (Justice de paix de Pont-l'Évêque, 16 octobre 1914, *Gaz. du Palais*, 3 janvier 1916).

Mais, lorsque le fermier ou métayer, qui a obtenu ainsi prorogation du congé dans les terres qu'il occupe, aura pris en location d'autres terres, le nouveau bailleur pourra, le fermier ou métayer n'entrant pas ainsi en jouissance, provoquer la résiliation du bail par voie de lettre recommandée adressée au preneur, et par décla-rartion au Greffe de la Justice de Paix, trois mois au plus après la date à laquelle devait avoir lieu l'entrée en jouissance. (Décret 3 juillet 1915, art. 2).

LOYERS DUS PAR LES FERMIERS

En ce qui concerne le paiement des loyers dus par les fermiers atteints par la mobilisation, l'article 6 du décret du premier septembre 1914 dispose que « les articles 1er à 5 dudit décret du 1er septembre 1914 ne leur sont pas applicables, c'est-à-dire qu'ils doivent payer leur loyer à leur échéance. »

Toutefois, dans son alinéa 2, cet article ajoute : « En ce qui con-« cerne ces baux, quel que soit le montant du fermage, le Juge « de paix peut, le propriétaire dûment appelé, en considération de « la situation du locataire et spécialement s'il a été appelé sous « les drapeaux, accorder, pour le paiement, des délais qui ne « devront pas dépasser 90 jours francs. » Et il ajoute : les disposi-« tions du présent article ne s'appliquent que dans les départe-« ments énumérés dans le tableau visé par l'article 1er. » (1).

Il résulte de là que les fermiers même mobilisés, puisqu'ils per-çoivent les fruits de leur fermage, sont tenus de payer leur loyer.

Au surplus, dans sa circulaire du 4 octobre 1914 le Gouvernement, à propos du régime des baux des fermiers, écrit :

« Les décrets des 14 août, 1er et 27 septembre 1914 ne sont pas « en principe applicables aux baux à ferme. Le régime de ces baux « est fixé, d'une part, pour le paiement des loyers, par l'article 8 « du décret du 1er septembre et, d'autre part, si le fermier est « mobilisé, pour les congés et les baux venant à expiration, par « les décrets du 17 septembre 1914. »

Le décret du 1er septembre, article 8, ne fait donc pas d'exception,

---

(1) Ce tableau est inséré dans la Circulaire du 4 octobre 1914 et comprend les départements ci-après : Aisne, Ardennes, Aube, Doubs, Eure, Haute-Marne, Haute-Saône, Marne, Meurthe-et-Moselle, Meuse, Nord, Oise, Pas-de-Calais, Seine, Seine-et-Marne, Seine-Inférieure, Seine-et-Oise, Somme, Vosges, Territoire de Belfort.

il s'applique à tous les fermiers, mobilisés ou non, des régions indiquées aux tableaux spéciaux. Tandis que les décrets relatifs à la prorogation des baux n'ont été édictés qu'en faveur des fermiers mobilisés, prorogation se répercutant en fait sur leurs successeurs.

MÉTAYERS (COMPTES)

Le décret du 27 octobre 1914 règle la situation respective du métayer et de son bailleur, en ce qui concerne les règlements de comptes, et ce, dans les termes suivants :

Article 1er. —Dans le cas de bail à colonat partiaire ou métayage, le bailleur ne pourra exiger qu'il soit procédé à la reddition des comptes avant la cessation des hostilités, lorsque le métayer aura été mobilisé, sauf dans le cas où le bail venant à expiration, le métayer ne l'aura pas prorogé conformément à l'article premier du décret du 19 septembre 1914.

Article 2. —Lorsque le métayer, mobilisé ou non, aura été obligé d'embaucher des ouvriers pour remplacer les membres de sa famille appelés sous les drapeaux, il devra en aviser le bailleur et tenir un compte spécial des frais qu'il aura supportés de ce chef.

A défaut d'entente amiable sur la répartition de cette dépense, il appartiendra au métayer de saisir le Juge de paix qui appréciera s'il y a lieu d'en mettre une partie à la charge du bailleur.

Article 3. —Le présent décret est applicable à l'Algérie.

DÉCRET DU 28 DÉCEMBRE 1915

Relatif à la prorogation des délais en matière de loyers
(*Journal officiel* du 29 décembre 1915)

Le Président de la République française,

Sur le rapport du président du conseil, ministre des affaires étrangères, du garde des sceaux, ministre de la justice, des ministres du commerce, de l'industrie, des postes et des télégraphes, de l'intérieur, des finances, du travail et de la prévoyance sociale (1),

Vu la loi du 5 août 1914 ;

Vu les décrets des 14 août, 1er et 27 septembre, 27 octobre, 17 décembre 1914, 7 janvier, 13 février, 20 mars, 17 juin et 14 septembre 1915, relatifs à la prorogation des délais en matière de loyers ;

Vu le décret du 14 octobre, portant application des décrets des 14 août, 1er et 27 septembre 1914, à l'Algérie ;

Vu les décrets des 8 et 16 octobre 1914 étendant aux Alsaciens-Lor-

---

(1) *Rapport au Président de la République française*

Paris, le 25 décembre 1915.

Monsieur le Président,

Le régime du moratorium institué en matière de loyers par les décrets en vigueur est appelé à cesser prochainement.

La Chambre a, en effet, fixé au 20 janvier la discussion du projet de loi dont elle a été saisie par le Gouvernement et qui réglera la situation des propriétaires et des locataires.

Toutefois, les mesures prises en faveur de ceux-ci par le décret du 14 septembre dernier viennent à expiration le 31 décembre. Il est indispensable qu'un nouveau décret intervienne pour en prolonger l'effet jusqu'à l'adoption par le Parlement de la loi nouvelle.

L'objet du présent décret est de maintenir pour une dernière période de trois mois, en faveur des locataires, le régime dont ils jouissent actuellement. Il paraît, dans ces conditions, n'y avoir aucun inconvénient grave à reproduire les dispositions essentielles du décret du 14 septembre.

Mais il nous a paru nécessaire d'y apporter certaines modifications sur des points particuliers. Nous avons pensé qu'il était équitable de permettre aux mobilisés qui ont été réformés à la suite de blessures ou de maladies contractées dans le service, de continuer à bénéficier pendant six mois encore du régime qui leur était accordé pendant qu'ils étaient sous les drapeaux.

Il nous a paru également qu'il n'était pas admissible que certains locataires jouissan t

rains, aux Polonais et aux Tchèques ayant obtenu un permis de séjour en France le bénéfice des décrets;

Le Conseil des ministres entendu,

Décrète :

Article premier. — Il est accordé de plein droit, dans tous les départements, aux locataires présents sous les drapeaux un délai de trois mois pour le payement des termes de leur loyer qui, soit par leur échéance normale, soit par leur échéance prorogée par les décrets des 14 août, 1er et 27 septembre, 27 octobre, 17 décembre 1914, 20 mars, 17 juin 1915 et 14 septembre 1915, deviendront exigibles à dater du 1er janvier jusqu'au 31 mars 1916 inclusivement.

Ces dispositions sont applicables aux veuves des militaires morts sous les drapeaux depuis le 1er août 1914, aux femmes des militaires disparus depuis la même date ou aux membres de leur famille qui habitaient antérieurement avec eux les lieux loués, ainsi qu'aux militaires réformés à la suite de blessures ou de maladies contractées à la guerre pendant les six mois qui suivent la date de la réforme.

Sont également admises au bénéfice des dispositions prévues au premier alinéa du présent article les sociétés en nom collectif dont tous les associés et les sociétés en commandite, dont tous les gérants sont présents sous les drapeaux.

Art. 2. — Il est accordé aux locataires non présents sous les drapeaux un délai de même durée que celui prévu à l'article 1er et pour le payement des mêmes termes, à la condition qu'ils rentrent dans les catégories ci-après :

1º Dans les portions de territoires énumérées au tableau annexé au présent décret tous les locataires, quel que soit le montant de leur loyer.

2º A Paris, dans les communes du département de la Seine et dans les

---

d'un traitement fixe suffisant pour faire face à leurs obligations envers leurs propriétaires, puissent continuer à se prévaloir des dispositions exceptionnelles qui, dans le département de la Seine et certaines localités de Seine-et-Oise, interdisent de faire la preuve de la solvabilité des locataires.

C'est pourquoi nous avons, dans le nouveau texte, autorisé le propriétaire à faire la preuve de la faculté de payer vis-à-vis des locataires dont le loyer est égal ou inférieur à 600 francs lorsque ceux-ci jouissent de traitements égaux ou supérieurs à 3.000 francs.

Enfin, aucune incertitude ne peut se produire sur la situation faite aux réfugiés des départements envahis, le texte les comprenant nécessairement au nombre des locataires appelés au bénéfice du moratorium, quelle que soit la date à laquelle est intervenue la location.

Nous soumettons donc à votre approbation le projet de décret ci-joint et nous vous prions d'agréer, monsieur le Président, l'hommage de notre respectueux dévouement.

communes de Saint-Cloud, Sèvres et Meudon (Seine-et-Oise), les locataires dont les loyers annuels rentrent dans les catégories suivantes :

a) Loyers annuels inférieurs ou égaux à 1.000 francs, que les locataires soient patentés ou non patentés ;

b) Loyers annuels supérieurs à 1.000 fr., mais ne dépassant pas 2.500 fr., lorsque les locataires sont des industriels, commerçants ou autres patentés ;

3° Dans les villes de 100.000 habitants et au-dessus, les locataires dont le loyer annuel est inférieur ou égal à 600 fr. ;

4° Dans les villes de moins de 100.000 habitants et de plus de 5.000 habitants, les locataires dont le loyer annuel est inférieur ou égal à 300 fr. ;

5° Dans les autres communes, les locataires dont le loyer annuel est inférieur ou égal à 100 francs.

Toutefois, le propriétaire est admis à justifier, devant le juge de paix, que son locataire est en état de payer tout ou partie des termes ainsi prorogés. Cette faculté ainsi accordée au propriétaire n'est pas admise à l'encontre des locataires visés par le n° 2 du présent article, dont le loyer annuel est inférieur ou égal à 600 fr., à moins qu'il ne s'agisse de locataires dont les traitements ou appointements fixes sont, au jour de la réclamation, y compris toutes indemnités, égaux ou supérieurs à 3.000 fr. par an.

Art. 3. — En ce qui concerne les locataires non présents sous les drapeaux et ne rentrant dans aucune des catégories visées à l'article 2 ci-dessus, mais admis par les décrets antérieurs à bénéficier des prorogations de délai, savoir :

1° Les commerçants, industriels et autres patentés, ainsi que les non patentés, locataires dans les territoires énumérés dans la liste annexée au décret du 1er septembre 1914, mais ne figurant plus dans celle annexée au présent décret ;

2° Les commerçants, industriels et autres patentés, locataires dans les territoires autres que ceux figurant dans la liste annexée au décret du 1er septembre 1914.

Le payement des loyers est réglé de la façon suivante :

a) Pour les termes venant à échéance entre le 1er janvier et le 31 mars 1916 inclusivement, une prorogation ne dépassant pas trois mois est accordée, sous réserve, par le locataire, de faire une déclaration qu'il est hors d'état de payer tout ou partie desdits termes.

Cette déclaration est faite au greffe de la justice de paix où elle est consignée sur un registre et il en est délivré récépissé.

Elle doit être effectuée au plus tard la veille du jour où le payement doit avoir lieu. Le propriétaire en est avisé, par les soins du greffier, au moyen d'une lettre recommandée avec avis de réception.

Au cas où le propriétaire veut contester cette déclaration, il cite le locataire devant le juge de paix. Le locataire doit présenter toutes preuves à l'appui de sa déclaration.

b) Pour les termes échus qui, ayant bénéficié de prorogations, deviendront exigibles entre le 1er janvier et le 31 mars inclusivement, il est accordé une nouvelle prorogation de trois mois.

Toutefois, le propriétaire est admis à justifier, devant le juge de paix, que son locataire est en état de payer tout ou partie des termes ainsi prorogés.

Art. 4. — En ce qui concerne les locataires visés aux articles 1, 2 et 3 ci-dessus, les congés, les baux prenant fin sans congés, ainsi que les nouvelles locations sont régis par les dispositions suivantes :

1º Est suspendu, pour une période de trois mois, sous les conditions et réserves déterminées par l'art. 3 du décret du 27 septembre 1914, l'effet des congés qui, normalement, ou par suite de prorogations résultant des décrets antérieurs, se produira entre le 1er janvier et le 31 mars 1916 inclusivement :

2º Sont prorogés, pour une période de trois mois, sous les conditions et réserves déterminées par l'article 3 du décret du 27 septembre 1914, les baux prenant fin sans congés qui, normalement, ou par suite de prorogations résultant des décrets antérieurs, viendront à expiration entre le 1er janvier et le 31 mars 1916 inclusivement ;

3º Si les locaux ayant fait l'objet des suspensions de congé ou des prorogations de bail visées aux numéros 1º et 2º ci-dessus sont ou demeurent reloués au profit d'un tiers, le point de départ de cette relocation est ajourné d'une période de trois mois, sauf accord contraire entre les parties ;

4º Lorsqu'un locataire a conclu une nouvelle location et s'il jouit, pour son ancienne location, de la suspension de congé prévue par le numéro 1º ci-dessus, il ne peut être astreint au payement de la nouvelle location tant que l'entrée en jouissance n'a pas lieu.

Toutefois le propriétaire a la faculté de demander au juge de paix la résiliation de la nouvelle location.

Art. 5. — En cas de mort sous les drapeaux d'un locataire, ses héritiers ou ayants droits peuvent, si le contrat contient une clause de résiliation en cas de décès ou ne stipule pas expressément la continuation du bail en cas de décès, être autorisés, par le juge de paix, à défaut d'accord avec le propriétaire, à sortir des lieux loués sans avoir à acquitter préalablement les termes et, le cas échéant, les indemnités dues en vertu du contrat ou de l'usage des lieux. Ce magistrat fixe, dans sa sentence, les délais accordés pour le payement des sommes ainsi dues au propriétaire.

Art. 6. — En cas de loyer payable d'avance, le locataire, à défaut de payement à l'époque fixée par le bail ou par l'usage des lieux, ne peut être cité par le propriétaire devant le juge de paix, comme il est dit aux articles ci-dessus, qu'après que les termes sont échus.

Si le locataire a versé au propriétaire, au début de la location, les derniers termes à échoir, il ne peut, jusqu'à concurrence des sommes ainsi payées d'avance, être cité à raison des termes échus.

Les dispositions du présent article sont applicables seulement dans les portions de territoire énumérées au tableau annexé au décret du 1er septembre 1914.

Art. 7. — Les règles établies par les articles précédents s'appliquent, sous les mêmes conditions et réserves, aux locataires en garni.

Art. 8. — Les contestations auxquelles peut donner lieu l'application du présent décret sont de la compétence du juge de paix du canton où est situé l'immeuble loué et sont régies par les dispositions de l'article 6 du décret du 1er septembre 1914.

Ce magistrat entend les parties en son cabinet. A défaut de conciliation, il renvoie l'affaire en audience publique pour le prononcé de la sentence.

En cas de refus des délais demandés par le locataire, si, à raison du prix annuel de la location dépassant 600 fr., le juge de paix n'est pas compétent, d'après la loi du 12 juillet 1905, pour connaître de l'action en payement des loyers, il renvoie le propriétaire à se pourvoir, pour ce payement, par les voies de droit.

Art. 9. — Sont admis à bénéficier du présent décret :

1o Les ressortissants des pays alliés et neutres ;

2o Les Alsaciens-Lorrains, les Polonais et les Tchèques, sujets des empires d'Allemagne et d'Autriche-Hongrie, qui ont obtenu un permis de séjour en France.

Art. 10. — Les dispositions du présent décret sont applicables à l'Algérie.

Art. 11. — Sont maintenues les dispositions des décrets antérieurs relatifs à la prorogation des délais en matière de loyers, en ce qu'elles ne sont pas contraires au présent décret.

Art. 12. — Le président du Conseil, ministre des affaires étrangères, le garde des sceaux, ministre de la justice, les ministres du commerce, de l'industrie, des postes et des télégraphes, de l'intérieur, des finances, du travail et de la prévoyance sociale sont chargés, chacun en ce qui le concerne, de l'exécution du présent décret, qui sera publié au *Journal officiel* et inséré au *Bulletin des Lois*.

Fait à Paris, le 28 décembre 1915.

ANNEXES

Tableau dressé en exécution de l'article 2 du décret du 28 décembre 1915.

Aisne.

Ardennes.

Marne.

Meurthe-et-Moselle.

Meuse.

Nord.

Oise (arrondissements de Compiègne et de Senlis).

Pas-de-Calais (arrondissements d'Arras, Béthune et Saint-Pol).

Seine-et-Marne (arrondissements de Coulommiers, Meaux, Melun et Provins).

Somme (arrondissements d'Amiens, Doullens, Montdidier et Péronne)

Territoire de Belfort

Vosges (arrondissements d'Épinal et de Saint-Dié).

DÉCRET DU 22 JANVIER 1916

Relatif aux saisies conservatoires, pendant la durée de la guerre et à l'application de l'article 1752 du Code Civil.
(*Journal officiel* du 23 janvier 1916)

Le Président de la République française,

Sur le rapport du garde des sceaux, ministre de la justice, du ministre de l'intérieur, du ministre du commerce, de l'industrie, des postes et des télégraphes et du ministre de l'agriculture (1),

---

(1) *Rapport au Président de la République française*

Paris, le 22 janvier 1916.

Monsieur le Président,

Aux termes de l'article 2 de la loi du 5 août 1914, le Gouvernement est autorisé pendant la durée de la guerre à prendre par décret, dans l'intérêt général, toutes les mesures nécessaires pour faciliter ou suspendre les effets des obligations civiles ou

Vu l'article 2 de la loi du 5 août 1914, relative à la prorogation des échéances des valeurs négociables ;

Vu le décret du 10 août 1914, relatif à la suspension des prescriptions, péremptions et délais en matière civile, commerciale et administrative :

---

commerciales. Il peut suspendre également tous délais impartis pour attaquer, signifier ou exécuter les décisions judiciaires.

D'autre part, aux termes de l'article 3 de ladite loi, aucune instance ne peut être engagée ou poursuivie, aucun acte d'exécution ne peut être accompli contre les citoyens présents sous les drapeaux.

Par application de l'article 2, une série de dispositions ont été prises sur l'initiative du Gouvernement en vue de subordonner à l'autorisation du magistrat compétent la continuation des instances engagées avant ou depuis l'ouverture des hostilités, ainsi que l'exécution des décisions de justice, mais l'ensemble de ces textes laisse en dehors de ses prévisions certaines procédures spéciales, telles que la saisie-arrêt, la saisie-gagerie, la saisie foraine et la saisie-revendication, auxquelles la loi ou la jurisprudence ont reconnu en tout ou en partie un caractère conservatoire.

Envisagées sous cet aspect, elles ne constituent ni des instances ni des voies d'exécution dont l'exercice est interdit contre des mobilisés, pas plus qu'elles ne sont soumises obligatoirement, en vertu des décrets moratoires, à l'autorisation préalable du juge.

Ainsi le créancier reste libre d'y recourir sous la seule condition de se conformer aux règles du droit commun.

Mais l'expérience a démontré que, dans les circonstances actuelles, la pratique des saisies conservatoires pouvait entraîner de graves abus et rendre inefficaces les mesures de protection que, dans l'intérêt général, le législateur a entendu instituer au profit d'une classe de débiteurs particulièrement intéressants.

Alors qu'il a voulu soustraire les mobilisés à toutes les préoccupations d'un procès et accorder aux autres citoyens tous les ménagements que commandent à la fois l'humanité et la justice, il peut arriver que, grâce à d'habiles artifices de procédure, les créanciers, par la pratique d'une saisie, contraignent leurs débiteurs à subir leurs plus rigoureuses exigences, sous peine de voir leurs moyens d'existence compromis, leurs affaires paralysées, leurs crédits ébranlés. C'est ainsi qu'une saisie-arrêt pratiquée sans l'autorisation du juge en vertu de l'article 557 du code de procédure civile, peut, à la veille d'une échéance, frapper d'indisponibilité totale les sommes ou effets appartenant aux débiteurs même absents ou mobilisés.

Il peut en être de même en matière de saisie-gagerie.

Parfois enfin, et alors même qu'une permission du juge est indispensable, il arrive qu'elle soit surprise à la bonne foi de ce magistrat et qu'ainsi il en vienne à autoriser des mesures qui ont sur la situation du débiteur les plus graves contre-coups.

Il importe en notre matière de tempérer la rigueur du droit, tant au profit des citoyens sous les drapeaux, que des débiteurs réellement intéressants.

Sans doute, l'interdiction pure et simple de toute saisie conservatoire pourrait avoir elle-même de fâcheuses conséquences et provoquer des plaintes légitimes ; il importe de ne point désarmer contre les multiples combinaisons du vol et de la fraude tous ceux qui ont à faire valoir de justes revendications et, parmi ces derniers, les mobilisés eux-mêmes. Il convient que le commerçant dont tout l'avoir est engagé dans de multiples opérations de crédit et dont les rentrées sont difficiles, le propriétaire dont le gage est en péril, la femme qui n'a pour ressource que la modeste pension alimentaire qui lui a été accordée, puissent prendre leurs sûretés contre un débiteur de mauvaise foi qui

·Vu les décrets modificatifs du 15 décembre et du 11 mai 1914;

Le Conseil des ministres entendu,

Décrète :

Art. 1er. — Pendant la durée de la guerre et jusqu'à une date qui sera fixée par décret après la cessation des hostilités, aucune saisie-arrêt, aucune saisie-gagerie et plus généralement aucune saisie faite à titre

---

·bien que jouissant de son plein traitement ou de l'intégralité de ses ressources ou exerçant fructueusement un commerce ou une industrie, essaierait, à la faveur des circonstances, de se dérober à ses engagements, de dissimuler son patrimoine ou, en changeant leur consistance, de ravir l'ensemble de ses biens aux poursuites, de ses créanciers.

La conciliation de ces intérêts contraires ne peut appartenir qu'au contrôle réfléchi du magistrat.

Il faut, mais il suffit qu'il soit mis à même de l'exercer dans chaque espèce en connaissance de cause.

Le projet de décret que nous avons l'honneur de présenter à votre signature a pour objet de décider que, pendant la durée des hostilités, aucune saisie conservatoire ne pourra être exercée sans une ordonnance du magistrat compétent rendue sur requête. Cette ordonnance, qui devra toujours être motivée, ne pourra être accordée que pour des motifs exceptionnels. En tout état de cause, le saisi aura la faculté de se pourvoir devant le magistrat pour lui demander de rétracter cette ordonnance ou d'en limiter les effets. En outre, le droit de pratiquer la saisie pourra n'être accordé que sous réserve pour le juge d'appeler devant lui le saisi ou son représentant et d'en recevoir des explications. Si, à raison des circonstances, celui-ci ne peut comparaître, le juge n'en aura pas moins la faculté, sur les renseignements qui lui auront été fournis, de rapporter ou de modifier sa première décision.

Les règles du droit commun demeureront néanmoins applicables, en matière commerciale, pour toutes les dettes contractées depuis l'ouverture des hostilités et qui ne sont pas couvertes par les décrets moratoires relatifs à la prorogation des échéances. L'intérêt du commerce ne s'accomoderait pas de mesures qui, en affaiblissant le crédit du commerçant, l'atteindraient lui-même au cours des opérations qu'il effectue depuis le début de la guerre.

L'article 1752 du code civil autorise le propriétaire ou bailleur à provoquer l'expulsion de son locataire, métayer ou fermier sous le prétexte que sa maison n'est pas garnie de meubles suffisants. Cette expulsion, aux termes de la jurisprudence, peut être prononcée même par le juge des référés.

La généralisation d'une telle pratique aurait pour effet de rendre illusoires les dispositions favorables prises en faveur de certains locataires ou fermiers auxquels des délais ont été accordés pour le payement de leurs loyers ou fermages. Il importe d'y faire obstacle en interdisant à leur égard toute mesure d'expulsion par application de l'article 1752.

Tel est l'objet du décret que nous soumettons à votre signature.

Il reste d'ailleurs constant que sous le régime du présent décret les mobilisés, par le seul effet de la loi du 5 août 1914 (art. 3) demeurent à l'abri de toutes instances, de toutes voies d'exécution, et par suite de toutes mesures d'expulsion qui pourraient être arbitrairement poursuivies à leur égard.

Veuillez agréer, monsieur le Président, l'hommage de notre profond respect.

conservatoire ne pourront être pratiquées sans une autorisation spéciale du magistrat compétent rendue sur enquête.

Cette autorisation, qui devra être motivée, ne sera accordée que pour causes graves et dans le cas où la saisie serait indispensable à la sauvegarde d'intérêts en péril.

Elle pourra n'être ordonnée que sous réserve pour le juge d'entendre après la saisie et au jour qu'il fixera, le saisi et le saisissant ou leur représentant.

A cet effet, ladite ordonnance ainsi que la convocation seront notifiées au saisi dans les conditions prévues par les paragraphes 1 et 2 du décret du 11 mai 1915.

Au jour dit le juge aura la faculté de confirmer, modifier ou rétracter son ordonnance, alors même que les intéressés ne comparaîtraient pas ; il devra, en ce cas, s'entourer d'office de tous renseignements utiles et il pourra, au besoin, ajourner sa décision à une date ultérieure.

Art. 2. — En tout état de cause, le saisi pourra soit directement, soit par mandataire, se pourvoir devant le magistrat qui appréciera, s'il y a lieu, eu égard à la situation du débiteur, de prononcer mainlevée de la saisie, totale ou partielle, immédiate ou conditionnelle.

Art. 3. — Les dispositions qui précèdent ne font pas échec, pour les procédures subséquentes, aux mesures conservatoires, à l'accomplissement des formalités prescrites par les décrets des 10 août 1914, 15 décembre 1914 et 11 mai 1915 pour la levée de la suspension des délais.

Elles ne s'appliquent pas, en matière commerciale, aux saisies-arrêts exercées pour des créances contractées depuis l'ouverture des hostilités et non couvertes par les dispositions des décrets moratoires relatifs à la prorogation des échéances.

Art. 4. — Dans les circonstances prévues à l'article 1er, aucune mesure d'expulsion au profit du propriétaire ou bailleur ne peut être prononcée par application de l'article 1752 du code civil envers les locataires, métayers ou fermiers auxquels des délais de payement ont été accordés soit en vertu des décrets moratoires, soit en vertu de la décision du juge pour le payement de leurs loyers ou fermages, et ce avant l'expiration desdits délais.

Art. 5. — Le garde des sceaux, ministre de la justice, le ministre de l'intérieur, le ministre de l'agriculture et le ministre du commerce, de l'industrie, des postes et des télégraphes sont chargés, chacun en ce qui le concerne, de l'exécution du présent décret.

Fait à Paris, le 22 janvier 1916.

PITHIVIERS. — IMP. DU RECUEIL SIREY. — 10003

www.ingramcontent.com/pod-product-compliance
Ingram Content Group UK Ltd.
Pitfield, Milton Keynes, MK11 3LW, UK
UKHW021713130726
13696UKWH00004B/1797